Gütersloher Taschenbücher/Siebenstern 354

Krankenhaus
23. 11. 1991
von Vera und Jörg

D1984081

Bei dir bin ich geborgen

Gebete für ältere Menschen

Herausgegeben von Manfred Baumotte

Gütersloher Verlagshaus Gerd Mohn

Originalausgabe

CIP-Titelaufnahme der Deutschen Bibliothek

Bei dir bin ich geborgen: Gebete für ältere Menschen /
hrsg. von Manfred Baumotte. –
Orig.-Ausg., 2. Aufl., (11.–15. Tsd.). –
Gütersloh: Gütersloher Verl.-Haus Mohn, 1989
(Gütersloher Taschenbücher Siebenstern; 354)
ISBN 3-579-00354-2
NE: GT

ISBN 3-579-00354-2

2. Auflage (11.–15. Tsd.), 1989
© Gütersloher Verlagshaus Gerd Mohn, Gütersloh 1988

Das Werk einschließlich aller seiner Teile ist urheberrechtlich geschützt. Jede Verwertung außerhalb der engen Grenzen des Urheberrechtsgesetzes ist ohne Zustimmung des Verlages unzulässig und strafbar. Das gilt insbesondere für Vervielfältigungen, Übersetzungen, Mikroverfilmungen und die Einspeicherung und Verarbeitung in elektronischen Systemen.

Umschlagentwurf: Dieter Rehder, Aachen, unter Verwendung eines Fotos von Fernand Rausser, Bollingen-Bern
Gesamtherstellung: Clausen & Bosse, Leck
Printed in Germany

Ganz nah ist dein Wort,
Herr, unser Gott,
ganz nah deine Gnade.
Begegne uns denn mit Macht und Erbarmen.
Laß nicht zu, daß wir taub sind für dich,
sondern offen mach uns und empfänglich
für Jesus Christus, deinen Sohn,
der kommen wird,
damit er uns suche und rette
heute und täglich bis in Ewigkeit.

Du weckst den Glauben in unseren Herzen,
Gott, wer wir auch sind.
Du kennst deine Menschen und nimmst sie an,
was sie auch von dir denken.
Sprich aus dein Wort über die Welt,
mit deinem Himmel komm in unsere Mitte,
Guten und Bösen leuchte deine Sonne
bis in Ewigkeit.

Ein Lebenszeichen gib uns,
Gott, erkennen laß uns,
was wir dir wert sind.
Komme mit deinem Schöpfungswort
in unsere Welt,
mach uns bewohnbar,
bring uns zu Frieden.

Wende dich nicht ab von uns, Gott,
und geh uns nicht aus dem Weg,
da wir jetzt nach Worten suchen,
daß wir zu dir beten.
Wenn wir dich aussprechen
und nennen bei deinem Namen,
so tun wir es nur
in der Kraft der Verheißung,
du werdest nahe sein allen,
die dich rufen.

Höre, Herr,
wir flehen zu dir,
wer wird uns denn retten,
wenn du dich unser nicht annimmst?
bezwinge die Mächte,
die uns das Leben bedrohen,
und schenk uns Hoffnung.

Gott, angewiesen sind wir
auf deine Güte und Liebe.
Nichts haben wir
von uns selbst zu erwarten,
alles aber von dir.
Handle in Gnaden an uns
und sei nicht sparsam
mit deinem Erbarmen.

Gott, wir sind dein Werk,
von dir gebildet,
von dir geliebt.
All unser Dasein hast du geschenkt,
all deine Schöpferkraft
hast du auf uns verwendet:
so wirst du weiter wirken
eine um die andere Gnade
an jedem von uns.
Was sollten wir sonst noch
von dir erwarten:
Gott –
in dieser Gewißheit
werfen wir uns hinein.

Du wachst als Hirte
über deine Schöpfung,
alles Lebendige ist in deiner Hut,
uns alle kennst und bewahrst du,
wo wir auch gehn oder stehn.
Wir bitten dich,
so möge es bleiben,
niemals soll uns irgend etwas mangeln,
und eintreten laß uns
in deine Ruhe und in deinen Frieden
heute und an jedem Tag
unseres Lebens.

Am Morgen

Sei über uns und segne uns,
sei unter uns und trage uns,
sei neben uns und stärke uns,
sei vor uns und führe uns.
Sei du die Freude, die uns belebt,
die Ruhe, die uns erfüllt,
das Vertrauen, das uns stärkt,
die Liebe, die uns begeistert,
der Mut, der uns beflügelt.

Am Morgen nach einer kalten Nacht war der Himmel blankgefroren, sein Blau war zart, leicht zerreißbar wie ein dünner Schleier.
Ich befand mich auf der Suche nach der Sonne. Am Horizont zog sich ein rötlicher Schein dahin, der über die Wälder und die schneebedeckten Felder ein glitzerndes Morgenlicht warf. Aber wo blieb die Sonne? Wann tauchte sie aus dem dunklen Meer der Nacht? Bald öffnete sich der Wolkenschleier, eine Feuerscheibe drängte sich nach oben, unaufhaltsam und Licht verschwendend. Welch

eine Flut breitete sich über das Land! Leichtes Dampfen der eisbedeckten Dächer.
Nun stand sie über dem Horizont, goldglänzend und hochkarätig. So staune ich am Anfang eines neuen Tages über das Wunder des Lichtes, das nicht nur über das Land fällt, sondern auch in meine Seele dringt. Dabei denke ich an jene schlichten Worte aus dem schönen Gedicht von Ingeborg Bachmann über die Sonne: »Nichts Schöneres unter der Sonne, als unter der Sonne zu sein!«

Er weckt mich alle Morgen;
er weckt mir selbst das Ohr.
Gott hält sich nicht verborgen,
führt mir den Tag empor,
daß ich mit seinem Worte
begrüß' das neue Licht.
Schon an der Dämmerung Pforte
ist er mir nah und spricht.

Er spricht wie an dem Tage,
da er die Welt erschuf.
Da schweigen Angst und Klage;
nichts gilt mehr als sein Ruf!
Das Wort der ewigen Treue,
die Gott uns Menschen schwört,

erfahre ich aufs neue,
so wie ein Jünger hört.

Er will, daß ich mich füge.
Ich gehe nicht zurück.
Hab' nur in ihm Genüge,
in seinem Wort mein Glück.
Ich werde nicht zuschanden,
wenn ich nur ihn vernehm',
Gott löst mich aus den Banden!
Gott macht mich ihm genehm!

Er ist mir täglich nahe
und spricht mich selbst gerecht.
Was ich von ihm empfahe,
gibt sonst kein Herr dem Knecht.
Wie wohl hat's hier der Sklave –
der Herr hält sich bereit,
daß er ihn aus dem Schlafe
zu seinem Dienst geleit'!

Er will mich früh umhüllen
mit seinem Wort und Licht,
verheißen und erfüllen,
damit mir nichts gebricht;
will vollen Lohn mir zahlen,
fragt nicht, ob ich versag'.
Sein Wort will helle strahlen,
wie dunkel auch der Tag!

Danke für diesen guten Morgen,
danke für jeden neuen Tag,
danke, daß ich all meine Sorgen
auf dich werfen mag.

Danke für alle guten Freunde,
danke, o Herr, für jedermann,
danke, wenn auch dem größten Feinde
ich verzeihen kann.

Danke für manche Traurigkeiten,
danke für jedes gute Wort,
danke, daß deine Hand mich leiten
will an jedem Ort.

Danke, daß ich dein Wort verstehe,
danke, daß deinen Geist du gibst,
danke, daß in der Fern und Nähe
du die Menschen liebst.

Danke, dein Heil kennt keine Schranken,
danke, ich halt mich fest daran,
danke, ach Herr, ich will dir danken,
daß ich danken kann.

Am Anfang all unseres Tuns
laßt uns dankbar sein.
Auch wenn es uns schwerfällt.
Vieles ist uns zuwider,
weil Erfolg und Glück
uns fremd geworden sind.

Laßt uns, die wir so leicht
zur Unzufriedenheit
und Nörgelei neigen,
wieder das Gute sehen.
Unsere Augen sind blind geworden
vor Neid und Mißgunst.
Wir vermissen vieles,
weil wir das Unwesentliche
so ernst nehmen.

Laßt uns wieder dankbar sein
gegenüber Gott.
Er gibt uns den Atem zum Leben.
Er hat uns das Ohr geöffnet
für die Stimmen des Tages.
Unsere Augen sehen
den Glanz des Himmels
und die Sterne der Nacht.
Über uns dehnt sich
die Unendlichkeit.
Das hat alles Gott gemacht –
groß, gewaltig und unerforschlich.

Laßt uns Worte finden,
die vom Geheimnis der Erde
und des Menschen erzählen.
Laßt uns Töne formen,
deren Klang unser Herz berührt.
Hört die Panflöte,
wie sie lockt
und in Bereiche
der Stille und Freude führt.

Laßt uns die Jagd nach Glück
und Macht abbrechen.
Achtet auf die Zeichen
und Spuren Gottes in dieser Welt.
Gott ist oft dort zu finden,
wo wir ihn nicht suchen.
In Krankheit, Leid und Anfechtung
ist er uns näher, als wir denken.

Herr, wir danken dir
für jeden neuen Tag.
Du umgibst uns mit Liebe
und zeigst uns den Weg
durch die Zeit.

Am Abend

Unser Abendgebet steige auf zu dir, Herr,
und es senke sich auf uns herab dein Erbarmen.
Dein ist der Tag, und dein ist die Nacht.
Laß, wenn des Tages Schein vergeht,
das Licht deiner Wahrheit uns leuchten.
Geleite uns zur Ruhe der Nacht
und dereinst zur ewigen Vollendung.

Langsam bricht das Dunkel herein. Der Gesang der Vögel ist verstummt. Die Sonne zerfließt am Horizont, und ihre Glut erlischt im großen Meer. Die Sichel des Mondes ist schon an den Himmel gezeichnet. Dieser Bote der Nacht beginnt seine nächtliche Bahn zu ziehen. Ihm zur Seite der Abendstern. Kein weiter Weg führt vom See zum Haus, dessen Steine von der Hitze des Tages warm sind. Mit der versinkenden Sonne ist die Luft kühl geworden, und im Ölbaum blüht der Wind.
Wir sehen den schwindenden Tag und staunen über das Geheimnis von Werden und Vergehen. Dieses ewige Auf und Ab, Sonnenaufgang und

Dämmerungsanbruch, Vogelgesang und Schweigen der Nacht. Dieser Rhythmus findet sich wieder in unserem Herzschlag. Lähmung und Hochbetrieb, Resignation und Tatendrang – so ist unser Leben.
Aber wir sind nicht am Ende. Noch lockt der Ton der Flöte am Abend. Die Nebel hüllen die Täler ein, und leise sind die Stimmen der Nacht. Das Schweigen nähert sich, und die Stille gibt unserer Seele Ruhe. Geheimnisse der Schöpfung begegnen uns. Die Nacht bedeckt sie mit ihrer Dunkelheit.

Herr, mein Gott, ich danke dir, daß du diesen Tag zu Ende gebracht hast; ich danke dir, daß du Leib und Seele zur Ruhe kommen läßt. Deine Hand war über mir und hat mich behütet und bewahrt. Vergib allen Kleinglauben und alles Unrecht dieses Tages, und hilf, daß ich allen vergebe, die mir unrecht getan haben.

Laß mich in Frieden unter deinem Schutz schlafen, und bewahre mich vor den Anfechtungen der Finsternis. Ich befehle dir die Meinen, ich befehle dir dieses Haus, ich befehle dir meinen Leib und meine Seele. Gott, dein heiliger Name sei gelobt.

Herr, der Tag, den du gegeben hast, ist nun vorüber. Aber das Licht meiner Dankbarkeit für diesen Tag, für alles, was gelang und Freude machte, und für die Freundlichkeit von Menschen nimmt noch nicht ab – du bist sehr gnädig gewesen, mein Gott.

Doch breite tiefe Dunkelheit über meine versäumten Gelegenheiten, über mein Versagen, den kleinlichen Gedanken, das häßliche Wort, die ungute Tat, wo ich es anderen schwer- und mir leichtgemacht habe. Sei gnädig, sei sehr gnädig, mein Gott.

Sei gnädig, wache über meinen unbewußten Stunden. Denn du, Herr, gibst den Schlaf, um die Gaben des Tages zu krönen. Du wandelst Dunkelheit in Segen und läßt den Leib die Ruhe und den Geist den Frieden finden. Ich danke dir, mein Gott.

Laß aber meine Seele, frei von den Fesseln des Tages, sich aufmachen zum Gebet des Vertrauens, sich erheben auf den Flügeln des Glaubens und Lieder des Lobs anstimmen vor den Fenstern des Himmels, wo keine Nacht mehr ist und wo du unermüdlich hörst – du mein gnädiger, sehr gnädiger Gott.

Ich liege, Herr, in deiner Hut
und schlafe ganz mit Frieden.
Dem, der in deinen Armen ruht,
ist wahre Rast beschieden.

Du bist's allein, Herr, der stets wacht,
zu helfen und zu stillen,
wenn mich die Schatten finstrer Nacht
mit jäher Angst erfüllen.

Dein starker Arm ist ausgestreckt,
daß Unheil mich verschone
und ich, was auch den Schlaf noch schreckt,
beschirmt und sicher wohne.

So will ich, wenn der Abend sinkt,
des Leides nicht gedenken,
das mancher Erdentag noch bringt,
und mich darein versenken,

wie du, wenn alles nichtig war,
worauf die Menschen hoffen,
zur Seite warst und wunderbar
mir Plan und Rat getroffen.

Weil du der mächtige Helfer bist,
will ich mich ganz bescheiden
und, was bei dir verborgen ist,
dir zu entreißen meiden.

Ich achte nicht der künftigen Angst.
Ich harre deiner Treue,
der du nicht mehr von mir verlangst,
als daß ich stets aufs neue

zu kummerlosem, tiefem Schlaf
in deine Huld mich bette,
vor allem, was mich bitter traf,
in deine Liebe rette.

Ich weiß, daß auch der Tag, der kommt,
mir deine Nähe kündet
und daß sich alles, was mir frommt,
in deinen Ratschluß findet.

Sind nun die dunklen Stunden da,
soll hell vor mir erstehen,
was du, als ich den Weg nicht sah,
zu meinem Heil ersehen.

Du hast die Lider mir berührt.
Ich schlafe ohne Sorgen.
Der mich in diese Nacht geführt,
der leitet mich auch morgen.

Wir sollten am Abend
vor das Haus treten,
tief die Luft einatmen
und den Blick zum Himmel richten;
dem Gesang des Vogels
auf dem Dach lauschen
und das milde Licht der Abendsonne fühlen.
Wir sollten beim Schließen der Türen
nicht vergessen,
etwas davon mit ins Haus zu nehmen,
vor allem ein Stück des Himmels.

Trost und Zuversicht

Von guten Mächten wunderbar geborgen,
erwarten wir getrost, was kommen mag.
Gott ist mit uns am Abend und am Morgen
und ganz gewiß an jedem neuen Tag.

Gott sorgt für mich, darum werde ich nicht zu kurz kommen. Er füllt mein Leben mit allem, was ich brauche. Er gibt mir Arbeit und Brot. Er schenkt mir ein fröhliches Herz, ruhigen Schlaf, gute Gedanken und innere Ausgeglichenheit. Er bewahrt mich davor, daß ich krumme Wege gehen muß.
Und selbst da, wo mich Leid, Angst und Krankheit bedrängen und wo ich in die Nähe des Todes gerate, kann mich die Angst nicht besiegen, muß ich nicht verzagen. Denn du, Herr, bleibst bei mir. Deine tragende Kraft und fürsorgliche Liebe geben mir Mut und Zuversicht. Du hilfst mir, gelassen zu sein, wenn andere mich anfeinden. Denn du speist mich mit Zuwendung, von der sie nichts wissen. Du gibst mir das Bewußtsein, einen Wert zu haben. Und du machst mein Leben reich an erstaunlichen Erfahrungen und Begegnungen.

Am Ende meines Weges werden deine Güte und deine Zuwendung zu mir nicht zu Ende sein, sondern sie werden mich halten und bewahren und mir Wohnung geben bei dir.

Bei dir bin ich,
immer bei dir,
du hältst mich fest,
meine Hand in der deinen.
Alles wirst du
zum Guten wenden.
Du nimmst mich mit
in deinen Ratschluß.
Was wäre der Himmel
für mich ohne dich,
was soll ich auf Erden,
wenn du nicht wärst?
Verfällt auch mein Leib
und stirbt mein Herz,
du bist mein Fels,
mein Gott, die Zukunft,
die auf mich wartet.

Alles hat seine Zeit. Alles, was ist, und alles, was geschieht, hat seine Stunde. Geboren werden und sterben. Pflanzen und Gepflanztes ausreißen, Wunden schlagen und Wunden heilen, Häuser bauen und Häuser einreißen. Weinen und Lachen hat seine Zeit. Klagen und tanzen, Steine sammeln und wegwerfen, lieben und nicht mehr lieben, suchen und verlieren, behalten und wegwerfen, alles hat seine Zeit.

Lieben und hassen, zerreißen und zusammennähen, schweigen und reden, gern haben und ablehnen, streiten und Frieden schließen, alles hat seine Zeit.

Alles, was ist, und alles, was geschieht, hat seine Stunde. Kind sein und wachsen, die Schule und die Arbeit, fleißig und faul sein, Freunde gewinnen und verlieren, alles hat seine Zeit. Ärger und Freude, Versetzung und Sitzenbleiben, schöne und weniger schöne Stunden, geprüft werden und durchfallen, lernen und umlernen, lieben und heiraten, Kinder empfangen und verlieren, alles hat seine Zeit.

Glück und Leid, Erfolg und Mißerfolg, Ansehen und Verachtung, weiterlernen und lernmüde werden, Sorgen haben und Hilfe erfahren, alles hat seine Zeit. Heiraten und getrennt werden, Partner gewinnen und verlieren, Krisen erleiden und überwinden, stark sein und schwach werden, das Eigenheim und das Altenheim, alles hat seine Zeit.

Dankbarkeit und Undank, Ruhestand und Unruhestand, Gesundsein und Kranksein, Altwerden und Altsein, alles hat seine Zeit.

Das Leben hat seine Zeit. Das Sterben hat seine Stunde. Wir sind froh, daß Sorgen, Leid, Ärger und Krankheit ihre Zeit haben. Wir bedauern, daß Freude, Glück und Erfolg ihre Zeit haben. Wir sind froh, daß wir wissen: Auf jeden Dezember folgt ein Mai. Wir bedauern, wenn das Schöne flieht. Alles hat seine Zeit, alles hat zwei Seiten. Das Böse endet, und das Schöne endet. Gott hat einst alles schön gemacht. Er hat den Menschen schön gemacht. Er hat ihm Ewigkeit ins Herz gegeben, die Sehnsucht nach Ewigkeit, den Glauben an Ewigkeit, die Liebe zur Ewigkeit, die Hoffnung auf Ewigkeit.

Alles hat seine Zeit, alles, was ist, und alles, was geschieht, hat seine Stunde. Was aber Gott tut, hat Ewigkeit.

Wir haben unsere Zeit. Uns schlägt einmal unsere Stunde. Dem Glücklichen nicht, sagt man. Und doch schlägt sie auch ihm.

Wir haben unsere Zeit. Unsere Zeit steht in Gottes Hand. Alles in ihr steht in Gottes Hand. Geboren werden und sterben sind umschlossen von Gottes Ewigkeit. Streiten und Frieden schließen sind eingebettet in Gottes Ewigkeit. Gesundsein und Kranksein sind aufgehoben in Gottes Ewigkeit.

Altwerden und Altsein werden überstrahlt von Gottes Ewigkeit. Wir können nicht ergründen, was das heißt. Wir können ahnen, was das bedeutet. Wir haben Anfang und Ende. Was wir schaffen und tun, erleben und erfahren, beginnt irgendwann und endet irgendwann.
Es ist gut zu wissen: Vor jedem Anfang ist Gott da. Nach jedem Ende ist Gott da. Das ist Ewigkeit. Das heißt: in Gottes Hand sein. Ich bin froh, daß alles seine Zeit hat, weil ich weiß: Gott hat Ewigkeit, ich bin in Gottes Hand.
Gott hat Ewigkeit in mein Herz gelegt. Darum verzage ich nicht im Leid und freue mich am Schönen. Darum verzweifle ich nicht im Unglück und danke Gott für das Glück. Darum fürchte ich mich nicht vor dem Tod und hoffe auf ein Leben bei Gott, ein ewiges Leben, das nur er geben kann. Gott gibt Liebe, die nicht aufhört, Hoffnung, die niemand zerstört, Güte, die ohnegleichen ist. Davon lebe ich in dieser Zeit, in der alles seine Zeit hat, daß Gott gibt, was ewig dauert, das nichts und niemand vernichten kann. Alles Ding währt seine Zeit, Gottes Lieb' in Ewigkeit.

Verleihe mir, allmächtiger Gott,
daß ich alles, was dein Wille ist
über meinem Leben, umsichtig erforsche,
wahrhaftig erkenne
und vollkommen erfülle.
Ordne mein Leben so,
wie es dir zur Ehre und
mir zum Heile sein kann.
Gib mir dazu, o Herr,
ein starkes Herz, ein freies Herz,
ein unwandelbares Herz.
Mache mich schlicht
ohne Überheblichkeit,
ernst ohne Trauer,
wahrhaftig ohne Täuschung,
mutig ohne Furcht,
rührig ohne Leichtsinn.
Laß meinen Weg gerade
und sicher zum Ziele kommen.
Laß mich immer auf dich hoffen,
liebreicher Gott meines Lebens!

Ich möchte wollen, Herr, wie du willst.

Ich gehe meinen Weg durch die Tage,
durch unzählige Tore.
Aus einem armen, leeren Tag
  in die Ruhe der Nacht,
aus der Ruhelosigkeit einer Nacht
  in einen reichen Tag.
Abend und Morgen sind die Tore,
  durch die du mich führst.

Meinen Weg gehe ich
und begegne Menschen.
Ich finde ihr Geschick, ihre Wünsche,
ihr Leid und ihre Mühe.
Ich möchte, daß du mich führst,
wenn ich zu den Menschen komme,
damit ich dich finde in ihren Gesichtern.

Dich suche ich, mein Gott,
auf meinen vielen Wegen.
Ich finde dich nicht,
wohin ich mich auch wende,
wenn du mir nicht das Tor öffnest.
Du selbst bist das Tor.
Ich will es durchschreiten
und dich finden.

Mich selbst suche ich.
Aber ich finde keinen Weg zu mir.
Ich irre in mir selbst und bitte dich:
Führe mich durch den Irrgarten meiner Seele
und zeige mir die Tür,
durch die ich zu dir eintreten darf,
damit ich nicht bei mir, sondern bei dir wohne.

Herr, du willst, daß ich meinen Weg finde.
Du willst, daß ich glücklich bin
und an ein Ziel gelange.
Ich möchte wollen, wie du willst.

Wenn Gott uns heimbringt
aus der Gefangenschaft –
das wird ein Traum sein.

Wir werden singen,
lachen, glücklich sein.
Dann sagt die Welt:
»Ihr Gott tut Wunder.«
Ja, du tust Wunder,
Gott unter uns,
du unsere Freude.

So bring uns heim,
zum Leben wende uns,
so wie die Flüsse
in der Wüste
beim Regen von neuem
zu strömen beginnen.

Wer sät in Betrübnis,
wird ernten in Freude.
Seinen Weg geht ein Mensch
und sät unter Tränen.
Singend mit Garben
kehrt er wieder.

Freude, Lob und Dank

Führe mich, o Herr, und leite
meinen Gang nach deinem Wort!
Sei und bleibe du auch heute
mein Beschützer und mein Hort!
Nirgends als bei dir allein
kann ich recht bewahret sein.

Herr, ich danke dir, daß ich leben darf. Ich danke dir für die Sonne, die meinem Leben die Farben schenkt, und ich danke dir für die Nacht, die mich zur Ruhe kommen läßt.

Ich danke dir für die Blumen und ihren Duft, und ich danke dir für den dürren Zweig, der so viele Formen in sich birgt.

Ich danke dir für den Stein, der meine Zeit nicht kennt, und ich danke dir für das Holz, das wächst und vergeht.

Ich danke dir für den Verstand, der mich dich erkennen läßt, und ich danke dir für den Zweifel, der meine Sicherheit nimmt.

Ich danke dir für das Lachen, das alles leichter

macht, und ich danke dir für das Weinen, damit ich nicht übermütig werde.
Ich danke dir für die Menschen, die mir mein Leben schenken, und ich danke dir für die Einsamkeit, in der meine Sehnsucht erwacht.
Ich danke dir für meine Hoffnung, die mich leben läßt, und ich danke dir für die Leere in meinem Leben, in der ich nach dir frage.
Ich danke dir, daß du mir deine Worte in die Hand gelegt hast, und ich danke dir, daß ich sie nicht immer verstehe.
Ich danke dir, daß du dem Tode seine Macht genommen hast, und ich danke dir, daß das Leben auf dieser Welt auch ein Ende finden darf.
Herr, ich will dir danken für mich, und ich will dir danken für dich. Du willst bei mir sein, laß es mich spüren. Ich bitte dich um Freude in meinem Leben. Komm zu mir.

Herr, Gott, wir spüren deinen Segen, wir spüren deine guten Hände; dein Wort bedeutet für uns Leben, deine Wahrheit ist unser Halt.
Unsere Welt ist deine Schöpfung, unser Leben ist dein Geschenk. Unsere Zeit ist deine Gabe, unser Glaube ist dein Werk.

Dein Wille heißt Frieden auf Erden, dein Name ist unsere Hoffnung, dein Reich ist unsere Zukunft, dein Geist ist unsere Kraft.
Unser Versagen ist dein Leiden, unser Verrat ist dein Kreuz, unser kleiner Glaube ist deine Traurigkeit, unsere Bedenken enttäuschen dich.
Wir sehen dein Wirken in allem Guten, wo Menschen zu Geschwistern werden, wo neuer Mut zum Leben wächst, wo Dankbarkeit für das tägliche Brot ist.
Wir bekennen uns zu deinen Geboten und möchten selber zu Menschen werden, denen dein Wort alles bedeutet für das Reden und Handeln im Alltag.
Herr, Gott, wir spüren deinen Segen, wir spüren deine gute Gegenwart mitten in deiner Gemeinde, hier und weltweit in allen Ländern.
Das alles verdanken wir deinem Sohn, unserem Bruder Jesus Christus, der lebendig ist und für uns alle da zum Zeichen der Hoffnung in allen Dingen.
Nimm unser Bekenntnis als Antwort des Dankes, und gib uns Kraft zu widerstehen, wo deine Welt gefährdet wird und Menschen dich verachten.

Herr, wir danken dir,
daß du unserem kleinen Leben
diesen großen Sinn gegeben hast:
mit dir zu wirken,
mit dir Gerechtigkeit zu schaffen
und Frieden auszubreiten.
Du willst, daß wir ohne Gewalt,
ohne Anspruch und ohne Befehl,
allein in Glauben und Geduld
deine Liebe zu denen bringen,
die an Liebe nicht glauben.

Nichts haben wir als deine Kraft.
Wir verlassen uns auf sie.
Denn der Wind steht uns entgegen
und macht uns müde und verzagt.
Wir glauben an deine Güte,
aber, immer noch, auch an die Gewalt.
Wir möchten uns treiben lassen
und sehnen uns nach dem Ende unserer Mühe.
Nichts hilft, als daß wir uns verlassen
auf deine Nähe und deine Kraft.

Um ein Zeichen bitten wir dich;
um die Stille, in der du nahe bist,
damit etwas reift auf deinem Feld
und etwas sichtbar wird von deinem Reich.
Gib uns deinen lebendigen Geist,

den starken und mächtigen.
Führe uns, leite unseren Willen
und alle unsere Gedanken,
daß wir dein Reich sehen
in seinen kleinen Anfängen hier
und in seiner großen Vollendung dort,
wo wir dich schauen werden in Ewigkeit.

Vater, in deinen Händen
sind mein Leib und mein Geist.
Ich kann mein Leben nicht planen,
nicht machen und nicht voraussagen.
Aber ich danke dir,
daß ich deine Führung erkenne.

Ich staune, Herr,
über den Plan, nach dem mein Leben verläuft.
Über die Wendungen, die mein Schicksal nahm,
und über seine Geradlinigkeit.

Du greifst ein, und manchmal erkenne ich,
daß es so kommen mußte.
Du machtest meine Gedanken und Pläne
zunichte,
und am Ende entdeckte ich: So war es gut.

Ich weiß, Herr,
daß du mich am Leid nicht vorbeiführst,
aber du führst mich hindurch.
Und wenn ich im finsteren Tal wandere
und deine Hand nicht finde,
so fürchte ich doch kein Unglück,
denn du bist bei mir.

Ich vertraue dir, Herr und Vater,
auch wenn ich nichts verstehe.
Ich überlasse mich dir.
Tu du mit mir, was du willst.

Ich lege mich in deine Hand und danke dir,
wenn ich immer besser lerne,
dies und sonst nichts zu wollen.
Einzig dies wünsche ich,
daß dein Wille sich an mir erfüllt.

Leid, Trauer und Einsamkeit

Wache du, Herr, mit denen,
die wachen oder weinen in dieser Nacht.
Hüte deine Kranken.
Laß deine Müden ruhen.
Segne deine Sterbenden.
Tröste deine Leidenden.
Erbarme dich deiner Betrübten
und sei mit deinen Fröhlichen.

Es gibt Jahre,
da sind auf einmal
Sprünge im Lebenslauf.
Was früher als vorhersehbar galt,
trifft uns jetzt unverhofft.
Unsere Träume
sind schwer geworden.
Plötzlich überfällt uns die Angst,
daß wir alles schon hinter uns haben.

Aber es gibt ein Leben nach der Krise,
die Verwandlung hat schon begonnen.
Wo wir noch auf der Suche sind,
da weiß Gott das Ende des Weges.

In der Jugend wollten wir
mit ungestümer Kraft
ein gesetztes Ziel erreichen.
Auf dem oft
so verschlungenen Lebensweg
erfuhren wir,
daß es falsche Ziele gibt.
Sie zu erreichen lohnte nicht.

Älter geworden,
bleiben wir gelassener.
Aus der Unruhe von einst
ist eine stille Erwartung
des Zukünftigen geworden.
Das tiefste Geheimnis unseres Lebens
ist jedoch, daß es eine Reise ist,
deren Ziel Gott heißt.

Einmal wird unsere Angst,
den Anschluß an die Zukunft zu verlieren,
einer heiteren Gelassenheit weichen.
Was wir jahrelang
für unentbehrlich hielten,

hat angesichts der Ewigkeit
kaum mehr Gewicht.
Das nehmen wir erstaunt wahr.
Das Wesentliche wird uns deutlicher.
Dann fühlen wir uns wie Kinder,
die sich beim ersten Strahl der Morgensonne
auf den Tag freuen.

Ich werde meinen Mund nicht halten gegen dich.
Ich muß die Bitterkeit meiner Seele
aussprechen, du zwingst mich dazu.

Bin ich vielleicht das Meer,
bin ich vielleicht ein Ungeheuer,
daß du mich einsperrst und bewachst?
Lieg' ich auf meinem Bett,
so find' ich noch keinen Trost,
du kommst, mich zu erschrecken
mit Träumen und Angstvisionen –
ich würde lieber gewürgt.

Was ist der Mensch,
daß du ihn so wichtig nimmst,
daß du jeden Morgen nach ihm siehst,
ob er noch lebt,
und ihn jeden Augenblick prüfst?

Wann endlich wendest du einmal
deine Augen von mir weg
und gibst mir Zeit,
um meinen Speichel zu schlucken?

Was hab' ich dir getan,
daß du auf Menschen lauerst?

Die Toten,
die in der Erde zerfallen sind
und die zerstreut sind im Wind
ganz unauffindbar,

die aus dem Haus Gerissenen,
die Unfertigen,
alle, die weggegangen sind
ohne Gruß,

was hast du mit ihnen gemacht,
der du niemals aufgibst
das Werk deiner Hände?

Leg sie wie ein Siegel
an dein Herz,
wie ein Siegel auf deinen Arm,

denn stark wie der Tod
ist die Liebe.

Gib deine Herrlichkeit, Zukunft und Treue
diesem gestorbenen Menschen.
Wir können nicht glauben,
daß sein Leben umsonst vorbeiging
und das, was er für Menschen bedeutet hat,
nun verloren sein soll.
Vielmehr vereinigen wir uns mit dem Glauben,
in dem er selbst festgehalten hat an dir,
bis zum Ende sein Gott und unser Gott.

Wir danken dir
für alle Freundschaft, die von ihm ausgegangen ist,
und für den Frieden, den er gebracht hat;
und daß er, so vergänglich, wie er war,
ein liebenswerter Mensch geworden ist.
Wir bitten dich,
was er gelebt hat,
komme dieser Welt zugute;
daß von den Menschen, die nach ihm kommen,
geehrt werde, was ihm heilig war;
und daß er in allem, worin er groß war,
weiter zu uns spreche,
gerade jetzt, da er gestorben ist.

Wir bitten dich,
daß wir, die mit ihm verbunden waren,
jetzt auch, um seines Todes willen,
tiefer miteinander verbunden seien.

Und in Gemeinsamkeit und aller Freundschaft
und im Frieden hier auf Erden
mögen wir die Verheißung erkennen,
daß du uns treu sein wirst im Tod.

Sei nicht um dein Leben besorgt,
um Essen und Trinken,
um Leib und Kleidung.
Das Leben ist größer als Essen und Trinken,
der Leib ist kostbarer als die Kleidung.

Schaut auf die Vögel in der Luft:
Sie säen nicht und ernten nicht
und haben keinen Besitz in Scheunen.
Aber der unser Vater im Himmel ist,
hält sie am Leben.
Sind wir nicht mehr als Vögel?

Und die Blumen am Wegrand,
die nicht spinnen, die nicht weben,
wohl aber blühen.
Salomo war glänzend gekleidet,
doch nicht so schön wie eine von ihnen.
Blumen, die heute noch blühen,
sind morgen fort,

aber der unser Vater im Himmel ist,
kleidet sie und sorgt.
Wie sollte er dann nicht für uns sorgen.

Sucht sein Königreich und tut, was recht ist.
Und er wird sorgen.

Krankheit und Not

Entfeßle in mir die Hoffnung.
Gib mir die Kraft weiterzumachen.
Behüte mich auf allen meinen Wegen.
Treib mich an und richte mich auf,
daß ich nicht festfahre.
Daß ich nicht, bedroht von allen Seiten,
ratlos werde,
mich ausliefere dem Schicksal
der Verzweiflung ...
Ruf mich heute noch bei meinem Namen.

»Siehe, der Herr steht mir bei ...« So spricht ein Mensch zum andern, so tröstet er den andern und sich selbst. Er weist auf alles das hin, was Gott in vergangener Zeit getan hat, er weist auf den Gott hin, der treu war und treu bleibt, der ihn ... nie ohne Beistand lassen wird. Können wir einander besser trösten, können wir einander besser beistehen, als indem wir ... zueinander sprechen: Sorge dich nicht um mich, es ist für mich gesorgt! Fürchte dich nicht, ich bin nicht allein gelassen! Sieh doch, Gott steht mir bei! Sei getrost, dann bin ich getröstet ... Gemeinsam gehen wir dem letzten Ziel entgegen. Auf dem Weg dorthin stehen wir einander bei und befehlen einander dem, der uns allein bewahren kann und der unseren Leib, unsere Seele und unseren Geist verklären wird zu einem neuen ewigen Leben. Dann werden wir – beschämt und dankbar – sagen: »Siehe, Gott steht mir bei.«

Ich bin krank. Es fällt mir schwer, das wahrhaben zu wollen. Die Ärzte bemühen sich, die Schwestern bringen die Spritzen und Tabletten. Die Verwandten versuchen mich zu trösten.
Ich bin wie betäubt. Mitten im Leben habe ich gestanden, habe über Schwächlinge gelacht in fataler Selbstüberschätzung. Ich schonte mich nicht und fragte nicht nach meiner Gesundheit.
Und nun liege ich im Krankenbett; von technischen Apparaten und Gummischläuchen umgeben, wage ich mich kaum zu bewegen. Der Angstschweiß bricht aus mir, da ich auf einmal um mein Leben bange.
Herr, ich will es nicht begreifen, daß du gerade mir diesen Weg zumutest. Was wird aus meinen Plänen, aus meinen Lieben zu Hause, für die ich doch nun

nicht mehr dasein kann? Ich verstehe nicht, was du mit mir vorhast. Es kostet mich große Überwindung, an deiner Güte nicht zu zweifeln. Warum suchst du gerade mich aus, der ich dir doch als Gesunder viel mehr dienen kann?
Doch ich weiß, daß du trotz aller rätselhaften Wege mein Leben nach deinem Willen zu einem guten Ziel führen willst. Herr, ich will dir vertrauen und darauf hoffen, daß du mich von neuem für das Leben bereitmachst.

Mein Gott, du prüfst mein Herz und kennst mich,
mein Gott, wo ich gehe und stehe, weißt du.
Du durchschaust von ferne meine Gedanken,
du hast mein Wandern und Ruhen bestimmt,
und was ich auch tue, du bist damit vertraut,
und kein Wort kommt auf meine Lippen,
mein Gott,
und du hast es schon gehört.
Du bist vor mir, und du bist hinter mir,
deine Hand hast du auf mich gelegt –
Wunder der Weisheit, das mich übersteigt,
unerreichbar, ich fasse es nicht.

Wie soll ich jemals deinem Geist entkommen,
und wohin flüchten, du siehst mich überall.
Ersteig' ich den Himmel –
du bist schon im Himmel,
steig' ich in die Erde hinunter –
da find' ich dich auch.
Und flieg' ich mit dem Morgenrot
bis ans äußerste Ufer des Meeres,
auch dort wird deine Hand mir weiterhelfen,
auch dort hält deine mächtige Hand mich fest.
Ob ich auch schreie: »Finsternis, deck mich zu,
laß es Nacht werden um mich her«,
vor dir besteht keine Finsternis,
vor dir ist die Nacht so hell wie der Tag,
die Finsternis so strahlend wie das Licht.

Dein Geschöpf bin ich in Herz und Nieren,
du hast mich gewoben im Schoß meiner Mutter.
Ich danke dir, du hast mich so wunderbar gemacht,
unsagbare Wunder sind all deine Werke.
Von dir bin ich erkannt, meine Seele und mein
Gebein,
in mir war nichts vor deinen Augen verborgen,
als ich in tiefem Geheimnis gebildet,
prachtvoll geflochten wurde im Schoß der Erde.
Ich war noch ungeboren, du hast mich schon
gesehen
und meine Lebenstage standen alle in deinem Buch,

noch ehe du einen davon gemacht hast.
Wie mühsam sind deine Gedanken für mich,
Gott, wie überwältigend das Ganze.
Wollt' ich sie zählen, so sind sie so zahlreich
wie der Sand am Meer, und immer noch
weiß ich dann nichts von dir.

Prüfe nun mein Herz, o Gott, und erkenne mich,
lote mich aus und wisse, was in mir ist.
Ich gehe doch nicht auf dem Weg in die Irre?
Führe mich auf dem Weg meiner Väter fort.

Herr Gott,
du bist unsere Zuflucht
für und für.
Ehe denn die Berge wurden
und die Erde und die Welt
geschaffen wurden,
bist du, Gott, von Ewigkeit
zu Ewigkeit.

Du lässest die Menschen sterben
und rufst sie zurück in den Staub:
Kommt wieder, Menschenkinder!
Denn tausend Jahre sind vor dir

wie der Tag, der gestern verging,
und wie eine Nachtwache.
Du säst Menschen aus in die Welt
Jahr um Jahr.
Wie Gras, das nachwächst,
kommen sie aus deiner Hand,
wie Gras, das in der Frühe
aufwächst und blüht
und am Abend
welkt und verdorrt.
So welken wir hin
in deiner Glut,
wir verdorren plötzlich
unter deinem Zorn,
denn du siehst all unser Unrecht,
in deinem Licht ist es sichtbar,
so verborgen es ist
unserem eigenen Herzen.
Ja, unsere Tage eilen dahin,
getrieben von deinem Zorn.
Wie Seufzer verhallen die Jahre.
Siebzig Jahre währt unser Leben,
wenn es hoch kommt, achtzig.
Was sein Stolz war,
ist Mühe gewesen und Elend,
denn es fähret schnell dahin,
als flögen wir davon.
Wer glaubt aber,

daß du uns treibst
mit der Wucht deines Grimms?
Lehre uns unsere Tage zählen,
daß wir ein weises Herz
gewinnen. Laß deine Herrlichkeit
aufleuchten an deinen Knechten
und zeige unseren Kindern
deine heilige Macht.

Ich möcht', daß einer mit mir geht,
der's Leben kennt, der mich versteht,
der mich zu allen Zeiten kann geleiten.
Ich möcht', daß einer mit mir geht!

Ich wart', daß einer mit mir geht,
der auch im Schweren zu mir steht,
der in den dunklen Stunden mir verbunden.
Ich wart', daß einer mit mir geht!

Es heißt, daß einer mit mir geht,
der's Leben kennt, der mich versteht,
der mich zu allen Zeiten kann geleiten.
Es heißt, daß einer mit mir geht!

Sie nennen ihn den Herren Christ,
der durch den Tod gegangen ist;
er will durch Leid und Freuden mich geleiten.
Ich möcht', daß er auch mit mir geht!

Der Herr sei vor dir, um dir den rechten Weg zu zeigen.
Der Herr sei neben dir, um dich in die Arme zu schließen und dich zu schützen gegen Gefahren von links und rechts.
Der Herr sei hinter dir, um dich zu bewahren vor der Heimtücke böser Menschen.
Der Herr sei unter dir, um dich aufzufangen, wenn du fällst, und dich aus der Schlinge zu ziehen.
Der Herr sei in dir, um dich zu trösten, wenn du traurig bist.
Der Herr sei um dich herum, um dich zu verteidigen, wenn andere über dich herfallen.
Der Herr sei über dir, um dich zu segnen.
So segne dich der gütige Gott.

Gesegnet sind die Menschen,
die sich auf den Herrn verlassen
und deren Zuversicht der Herr ist.
Sie gleichen einem Baum,
am Wasser gepflanzt,
der seine Wurzeln
zum Bach hin streckt.
Denn obgleich die Hitze kommt,
fürchtet er sich doch nicht,
sondern seine Blätter bleiben grün;
und er macht sich keine Sorgen,
wenn ein dürres Jahr kommt,
sondern bringt ohne Aufhören
Früchte.

Gesegnet bist du,
wenn du dein ganzes Vertrauen
allein auf Gott setzt,
wenn Gott allein
in aller ungewissen Zukunft
deine verläßliche Zuversicht ist.
Unsichtbar zwar sind die Wurzeln,
die dich mit der Tiefe verbinden –
mit Strömen lebendigen Wassers:
Doch in der Hitze und Last des Tages
darfst du, frei von Sorgengeist,
furchtlos sichtbare Frucht bringen
ohne Aufhören!

Komm, Herr, segne uns, daß wir uns nicht
trennen,
sondern überall uns zu dir bekennen.
Nie sind wir allein, stets sind wir die Deinen.
Lachen oder Weinen wird gesegnet sein.

Keiner kann allein Segen sich bewahren.
Weil du reichlich gibst, müssen wir nicht sparen.
Segen kann gedeihn, wo wir alles teilen,
schlimmen Schaden heilen, lieben und verzeihn.

Frieden gabst du schon, Frieden muß noch
werden,
wie du ihn versprichst uns zum Wohl auf Erden.
Hilf, daß wir ihn tun, wo wir ihn erspähen –
die mit Tränen säen, werden in ihm ruhn.

Komm, Herr, segne uns, daß wir uns nicht
trennen,
sondern überall uns zu dir bekennen.
Nie sind wir allein, stets sind wir die Deinen.
Lachen oder Weinen wird gesegnet sein.

Inhalt

Trost und Zuversicht

Freude, Lob und Dank

Leid, Trauer und Einsamkeit

Krankheit und Not

Quellen- und Bildnachweis

S. 5: aus: Huub Oosterhuis: Ganz nah ist dein Wort. Gebete und Fürbitten, © Herder & Co., Wien, 12. Aufl. 1980 (1. Aufl. 1967). – S. 9 (oben) und 40 (oben): Helge Adolphsen: aus: Hans Christian Knuth (Hg.): An jedem neuen Tag. Morgen-, Tisch- und Abendgebete (GTB Siebenstern 1281), Gütersloh 1984. – S. 9 (unten) und 16 (unten): aus: Peter Helbich: Du bist ein Gott, der mir nahe ist, Schriftenmissions-Verlag, Neukirchen-Vluyn 1984. – S. 10 und 19: aus: Jochen Klepper: Kyrie. Geistliche Lieder, © Luther-Verlag, Bielefeld 1950 (18. Aufl. 1986). – S. 12: Martin G. Schneider, Rechte: Gustav Bosse Verlag, Regensburg. – S. 13: aus: Peter Helbich: Im Ölbaum blüht der Wind. Meditative Texte (GTB Siebenstern 229), Gütersloher Verlagshaus Gerd Mohn, Gütersloh 1977. – S. 16 (oben): Verf. unbek., aus: Das Stundengebet, Kassel o. J. (6. Aufl.). – S. 17: aus: Dietrich Bonhoeffer: Gemeinsames Leben, Copyright Chr. Kaiser, München. – S. 18 (Übers.): aus: Eric Milner-White: My God my Glory, London 1967. – S. 21: aus: Peter Helbich: Schreib dein Wort in meine Seele. Betrachtungen und Gebete, Gütersloh 1981. – S. 23 (oben) und 48: aus: Dietrich Bonhoeffer: Widerstand und Ergebung, Chr. Kaiser, München, 3. Aufl. 1985. – S. 23: Übertragung des 23. Psalms von Axel Schönberg, Berlin. – S. 24, 30, 42 (Hiob), 43, 45 (Matthäus 6), 44, 48 (oben) und 50 (Psalm 139): aus: Huub Oosterhuis: Dein Trost ist nah. Gebete in Stunden der Bedrängnis, © Herder & Co., Wien 1978. – S. 25 (nach Prediger 3): aus: Kurt Rommel: Auch im Alter bist du da. Psalmenbrevier II: Lieder, Bekenntnisse, Gebete der Bibel, Verlag am Eschbach GmbH, Eschbach. – S. 29, 36 und 37: aus: Jörg Zink:

Wie wir beten können, Kreuz Verlag, Stuttgart. – S. 33 (oben): Heinrich Albert. – S. 33 (unten): aus: Helmut Breit: Wenn uns ein Licht aufgeht, Chr. Kaiser, München 1984. – S. 34: aus: Peter Spangenberg: Feuerball und Regenbogen. Fabelhaftes und Nachdenkliches zu biblischen Themen (GTB Siebenstern 1026), Gütersloh 1981. – S. 40 (Warten): aus: Peter Helbich: Sehnsucht ist wie ein Segel, das auf den Wind der Hoffnung wartet, Verlag Ernst Kaufmann, Lahr 1985. – S. 52 (Psalm 90): aus: Jörg Zink: Er wird meine Stimme hören. Psalmen übertragen von Jörg Zink, Kreuz Verlag, Stuttgart. – S. 54: Hanns Köbler, Rechte: Gustav Bosse Verlag, Regensburg. – S. 56: Altchristliches Segensgebet. – S. 57 (unten): nach: Johannes Hanselmann: Wer dennoch Wurzeln schlägt, Fotokunst-Verlag Groh, Wörthsee bei München 1985, S. 69. – S. 58: Dieter Trautwein, aus: Sing mit – Trinitatis, Burckhardthaus-Laetare Verlag, Gelnhausen.

S. 2 und 39: Felicitas Nahler, Hillesheim. – S. 8, 22 und 47: Lothar Nahler, Hillesheim. – S. 15: D.-B. Steinicke, Wittlich/Eifel. – S. 32: Werner H. Müller, Stuttgart.

GTB Großdruck

Manfred Baumotte

Du sollst getröstet werden

64 Seiten. Originalausgabe. (GTB 356)

In diesen Texten und Gebeten finden Trauernde Hilfen, den Schmerz über den Abschied von einem geliebten Menschen in Worte zu fassen, das Leid zu tragen und ermutigenden Trost zu erfahren.

Peter Helbich

Von dir will ich nicht lassen

Psalmen und Gebete für unsere Zeit. 64 Seiten. Originalausgabe. (GTB 355)

Psalmen und Gebete, die den Leser durch gute und schlechte Tage begleiten. Die Texte orientieren sich an biblischen Worten und sind eingebunden in die Themenkreise des Kirchenjahres. Sie sprechen menschliche Grundfragen an und suchen die Antwort im Gespräch mit Gott. Ein tröstender und ermutigender Begleiter für ältere und jüngere Menschen zugleich.

Gütersloher Verlagshaus Gerd Mohn